से के लिए

यह किताब.............................की है।

लेखन   – प्रिया गुप्ता
चित्रांकन – सरन्या वर्मा

ISBN   978-93-5493-358-5

धन्यवाद– प्रीति, मेघांश, अजय साह
A big thanks to my creative team- Preeti,
Meghansh and Ajay, who worked so
passionately to make this book bundle a
reality.

_____ ••• Priya...

माँ ने सुबह से काम पर लगाया,
रक्षाबंधन के लिए घर सजाया।

गाँव से बुआ आयी,
सबके लिए तरबूज लायी।

JUICY
LUV BUA

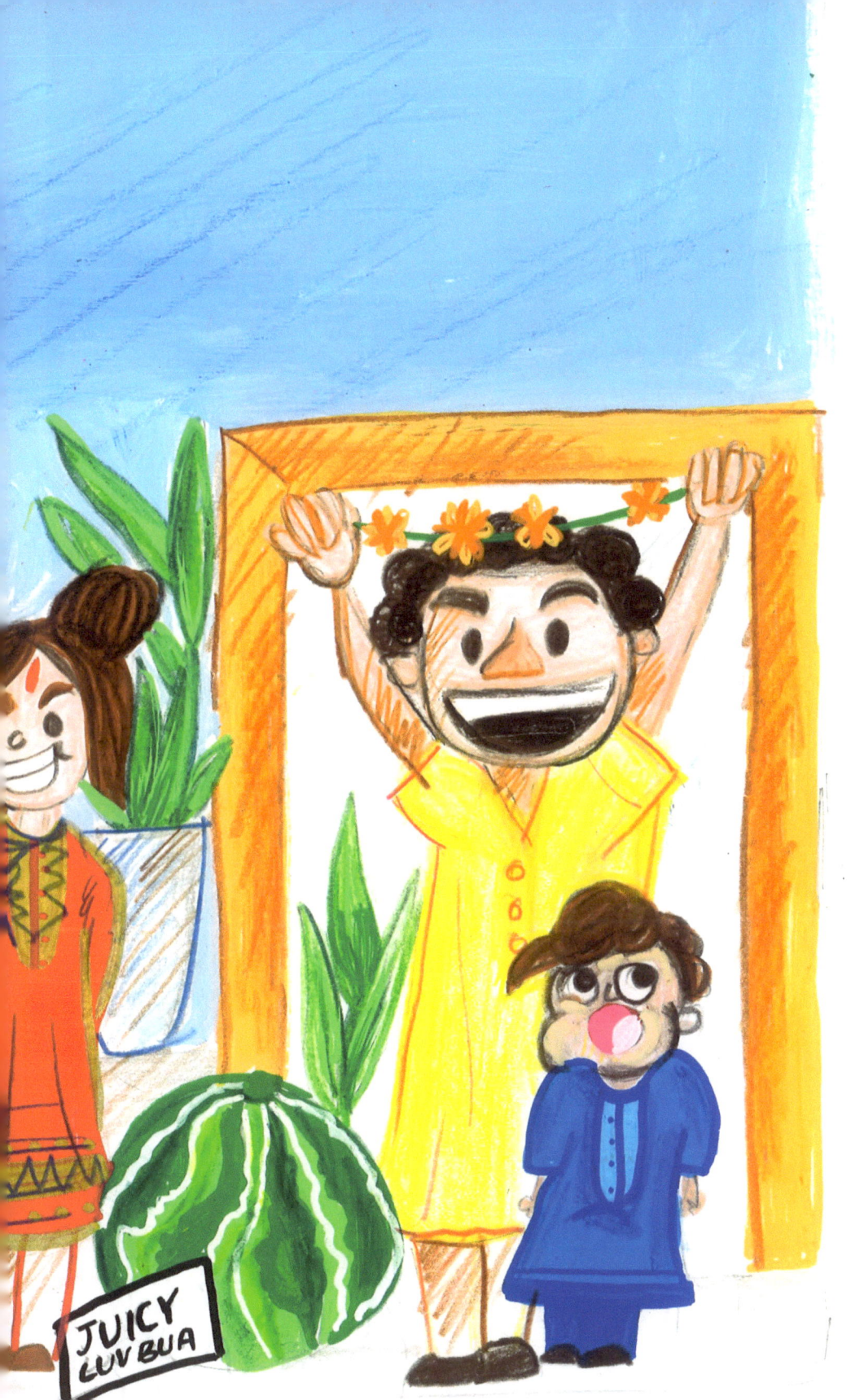

चाकू से तरबूज काटा,
गोलू के लिए एक-चौथाई।

बाकी के पाँच हिस्से किए,
एक-एक खाकर सब खुश हुए।

JUICY
LUV

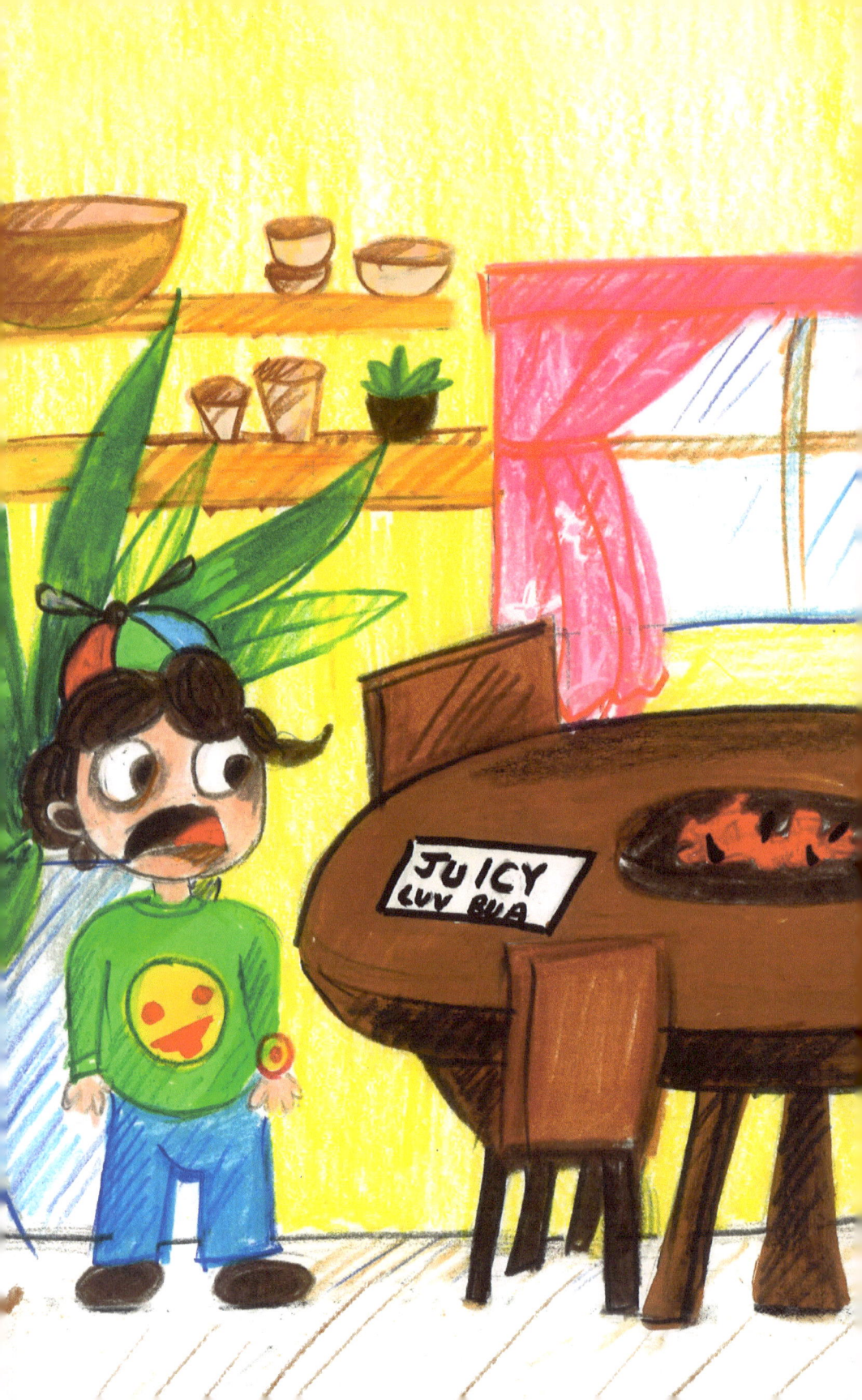

मीठा-मीठा तरबूज हुआ खत्म,
बोला गोलू-"मेरे लिए सबसे कम!!?"

प्यार से बोली छुटकी-"नहीं गोलू दादा!
आपके लिए था सबसे ज़्यादा!"

गोलू से जीतना
कहाँ था आसान ?
आया तूफ़ान!

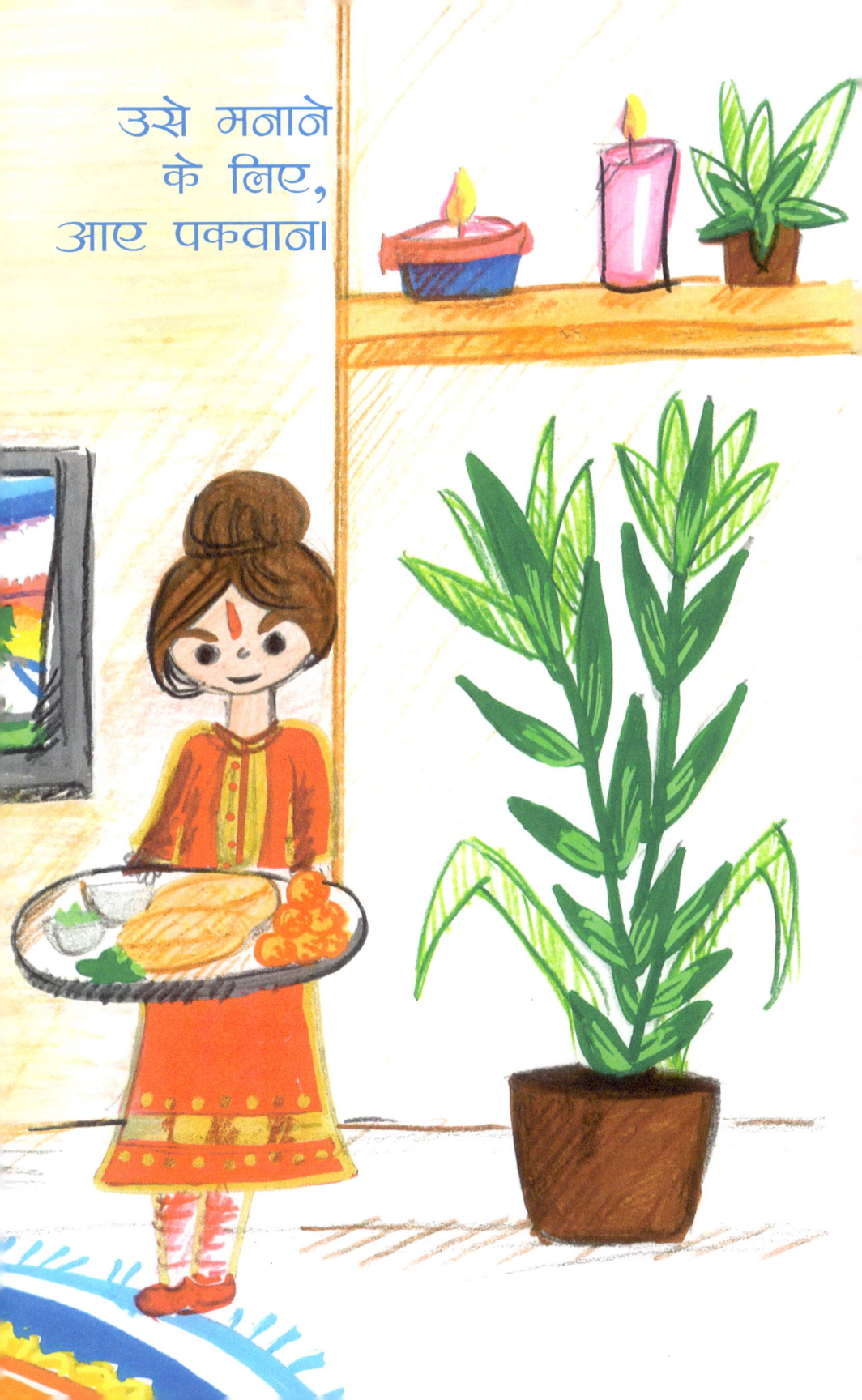

उसे मनाने
के लिए,
आए पकवान।

अब आपके लिए एक सवाल-
छुटकी सही है या गोलू दादा?

से
के लिए

A preposition is a word or phrase that connects a noun or pronoun to a verb or adjective in a sentence. In Hindi, these words are positioned after the noun/pronoun and hence they are known as post-positions.

The cat jumped **from** the tree. Preposition is 'from'.

बिल्ली पेड़ **से** कूदी | Post-position is 'से'

There is tea **for** everyone. Preposition is 'for'.

सब **के लिए** चाय है| Post-position is 'के लिए' |

से replaces the words 'from', 'since', 'than' and 'with' (in some cases). से represents करण कारक and अपादान कारक।

From the east - पूर्व से

With a spoon - चम्मच से

Since morning - सुबह से

Than you - आपसे

के लिए replaces the word 'for'. के लिए is referred to as संप्रदान कारक in Hindi

For me - मेरे लिए

For us - हमारे लिऐ

For you - आपके लिए / तुम्हारे लिए

For him/her - उसके लिए

For them - उनके लिए

Preposition is called कारक in Hindi.

कारक और उनके चिन्ह

कर्ता (actor)	ने
कर्म (object of the verb)	को
करण (tool/means)	से
संप्रदान (recipient)	को, के लिए
अपादान (source)	से
संबंध (relation)	का, के, की, रा, रे, री
अधिकरण (base of the verb)	में, पर
संबोधन (to address)	हे, अरे, ओ

रक्षाबंधन

रक्षा-बंधन एक लोकप्रिय भारतीय त्योहार है, जो हिंदू माह श्रावण के अंतिम दिन दुनिया भर में मनाया जाता है। इस दिन, बहनें अपने भाइयों की कलाई पर राखी नामक एक पवित्र धागा बांधती हैं। यह त्योहार भाई-बहनों के बीच प्यार के बंधन का उत्सव मनाता है।

राखी कैसे बनाएं:
एक मोटा धागा लीजिए और इसे चार्म्स, मोतियों या अपने पसंदीदा पोम-पोम से सजाएँ। इसे अपने भाई-बहन की कलाई पर बांधें!

Raksha Bandhan is a popular Indian festival, celebrated across the world on the last day of the Hindu lunar calendar month of Shraavana, which typically falls in August. On this day, sisters of all ages tie a holy thread, called the Rakhi, around the wrists of their brothers. Rakhi represents a wish for a brother's well-being and a brother's pledge to protect his sister always.

How to make a Rakhi:
Use yarn as the base and decorate it with charms, beads, or your favorite pom-poms. Tie it on your sibling or bestie's wrist!

अपनी तेज़ नज़रों से गोलू के लिए गुलाब- जामुन ढूँढिए।

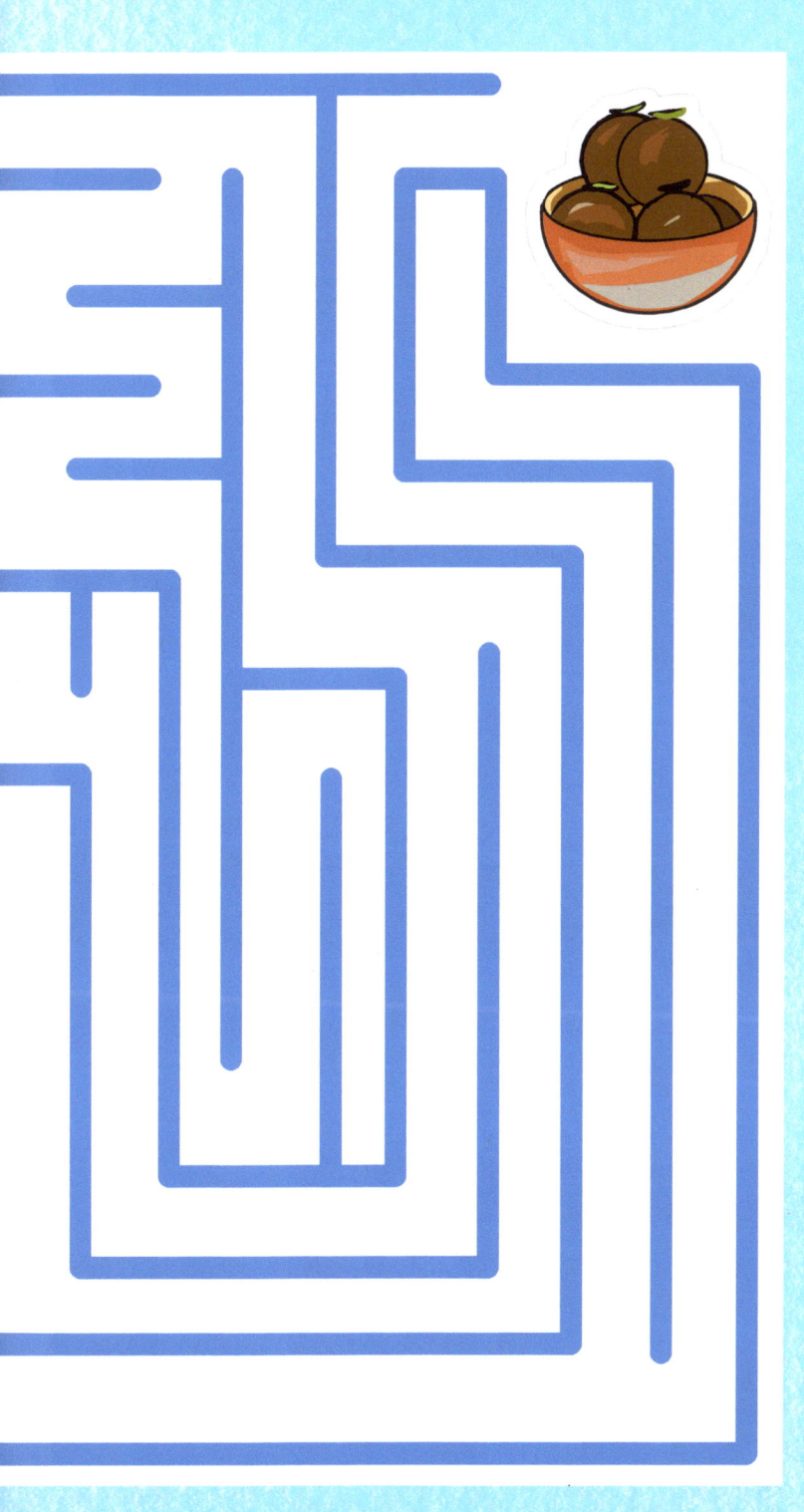

माँ ने सुबह से काम पर लगाया,
रक्षाबंधन के लिए घर सजाया।

Mom made us work since morning,

we decorated the house for Raksha Bandhan.

गाँव से बुआ आयी,
सबके लिए तरबूज लायी।

Bua (aunt) came from the village/country,

she got a watermelon for everyone.

चाकू से तरबूज काटा,
गोलू के लिए एक-चौथाई।

With a knife, the watermelon was cut.

One-fourth of it for Golu.

बाकी के पाँच हिस्से किए,
एक-एक खाकर सब खुश हुए।

5 portions were made out of the remaining,

everyone was happy after eating 1 portion each.

मीठा-मीठा तरबूज हुआ खत्म,
बोला गोलू- "मेरे लिए सबसे कम!!?"

The very sweet watermelon got finished,

Golu said- "Wasn't there least for me?"

प्यार से बोली छुटकी-"नहीं गोलू दादा!
आपके लिए था सबसे ज़्यादा!"
Lovingly, Chutki said- "No dear brother,
most of it was for you".

गोलू से जीतना कहाँ था आसान?
आया तूफ़ान!
When was it ever easy to win from Golu?
There was an outburst!

उसे मनाने के लिए, आए पकवान।
Out came the delicacies for pleasing him.

अब आपके लिए एक सवाल-
छुटकी सही है या गोलू दादा?
Now, a question for you.
Is Chutki right or Golu?

Vowels / स्वर (swar)

अ	आ	इ	ई	उ	ऊ	ऋ
a	aa	i	ee	u	oo	ri

ए	ऐ	ओ	औ	अं	अः
a	ae	o	au	am	ah

Consonant / व्यंजन (vyanjan)

क	ख	ग	घ	ङ
ka	kha	ga	gh	ng

च	छ	ज	झ	ञ
ca	cha	ja	jha	ña

ट	ठ	ड	ढ	ण
ṭa	ṭha	ḍa	ḍha	ṇa

त	थ	द	ध	न
ta	tha	da	dha	na

प	फ	ब	भ	म
pa	pha	ba	bha	ma

य	र	ल	व
ya	ra	la	va

श	ष	स	ह
sh	sh	sa	ha

क्ष	त्र	ज्ञ
ksh	tra	gya

www.ingramcontent.com/pod-product-compliance
Lightning Source LLC
Chambersburg PA
CBHW042244060526
44668CB00001B/10
* 9 7 8 9 3 5 4 9 3 3 5 8 5 *